AF336402

L 27 Zn 23415

DÉPÔT LÉGAL
Loire-Inf.ᵉ
Nᵒ 122
1867

BÉRAUDIÈRE

NOTICE

Extraite du IIIᵉ volume de l'Ouest aux Croisades.

NANTES

VINCENT FOREST ET ÉMILE GRIMAUD

IMPRIMEURS-ÉDITEURS
PLACE DU COMMERCE, 4.
—
1867.

BÉRAUDIÈRE.

III⁰ Croisade. — Jean de la Béraudière suivit Philippe-Auguste à la croisade de 1190, ainsi que le prouve le titre suivant. Ce titre est une reconnaissance qu'il fit pour sa portion d'un emprunt contracté solidairement par lui et quatre autres seigneurs croisés, sous la garantie de Juhel de Mayenne.

In presencia testium subscriptorum, nobilis Johannes do Berauderia, confessus est mutuo recepisse a me Ugheto de Bozo, pisano cive, pro sociis suis agente, viginti marcas argenti pro parte sua centum marcarum argenti cum quator sociis suis in solidum receptarum, et ad festum omnium Sanctorum ex proximo instans in annum reddendarum.

Quarum viginti marcarum de quinque contentus est, et reliquas recipiet, quando litteras garrandie domini Juhelli de Meduana michi tradiderit. In cujus rei testimonium signo suo se subscripsit. (Seing manuel de Jean de la Béraudière figuré par une croix.)

Testes sunt domini G. de Saliaco, R. de Bluc, milites; N. Barbi et C. Pizardi. Actum apud Joppen, anno domini Mᵒ Cᵒ XCIᵒ mense octobris.

En vertu de ce titre, le nom et les armes de la Béraudière figurent au musée de Versailles.

Chevalerie du Temple. — Guillaume de la Béraudière était commandeur de l'ordre du Temple à l'île Bouchard, en 1243. (*Titre de famille.*)

Chevalerie de Saint-Jean-de-Jérusalem. — Gaspard de la Béraudière, fils de Philibert-Emmanuel, marquis de l'Ile-Jourdain et de Rouhet, et de Françoise Taveau, fut reçu de minorité au rang des chevaliers de justice dudit ordre de Saint-Jean-de-Jérusalem, le 23 août 1611. (Vertot, *Liste des chev.*, etc., t. III, édit. de 1726, p. 162.)

Georges de la Béraudière, fils de Jacques-Marie-François de la Béraudière, seigneur de Bouzillé, de Melay, etc., et de Louise-Françoise-Renée Gilles de Fontenailles, reçu chevalier de justice le 30 novembre 1777. (Saint-Allais, *Nomenclat. gén. des chev. franç.*)

Origine. — La famille de la Béraudière, d'extraction chevaleresque, est originaire du Poitou, où elle possédait la seigneurie de la Béraudière qui lui a donné son nom. (*Cartul. de l'abbaye de Villeloin*, fol. 97.) Elle a de tout temps occupé un rang considérable dans cette province et dans l'Anjou, où plusieurs de ses branches se sont établies, soit par ses possessions, soit par ses alliances, soit enfin par les personnages distingués qu'elle a produits.

Possessions. — La seigneurie de la Béraudière, les marquisats de l'Ile-Jourdain et de Rouhet en Poitou ; — la vicomté de Lescoat en Bretagne ; — les seigneuries de Sourches, d'Azay, de la Roche-Serpillon, du Plessis-Thierry, de la Coudre, de Chantelou, de Sigon, d'Urcé, de Maumusson, de Bouzillé, de Beauvais, etc. En Poitou, en Anjou et en Touraine.

Branches et alliances. — La famille de la Béraudière s'est divisée en plusieurs branches, mais on ne possède de renseignements précis que sur six d'entre elles ; savoir :

1° *Branche de la Béraudière, de Sourches, de Rouhet et de l'Ile-Jourdain.* — Elle descend de Jean de la Béraudière, chevalier, seigneur de Sourches, d'Azay et de la Béraudière, vivant au XIV° siècle. Ses alliances sont avec les familles Carion, de Serpillon, Odard, de Combarel 1463, du Boys, Barthon de Montbas 1499, de Tournemine ; — et *par les femmes :* avec celles de Maligné, de Moussy 1315, de Pierres 1464, de la Roche, de la Béraudière 1527. — Etcinte avec Louis de la Béraudière, chevalier, seigneur de Sourches et de Rouhet, marquis de l'Ile-Jourdain, marié avec Louise de la Guiche. Sa fille, Louise de la Béraudière, connue sous le nom de Mlle *de Rouhet*, lorsqu'elle était fille d'honneur de Catherine de Médicis, fut mariée avec Louis de Madaillan, seigneur de Lesparre et baron d'Estissac, puis avec

Robert de Combault, seigneur d'Arcis-sur-Aube. Avant son premier mariage, elle avait eu d'Antoine de Bourbon, roi de Navarre, un fils naturel, Charles de Bourbon, successivement évêque de Comminges et de Lectoure 1590, puis archevêque de Rouen 1594. (*Gall. Christ.*, t. xi, col. 102 ; Anselme, t. i, p. 144.)

2° *Branche de la Roche-Serpillon, d'Ozay et de la Boussionnière.* — Elle s'est détachée de la première au commencement du xvᵉ siècle, et a pour auteur Marthes ou Mathes de la Béraudière, seigneur de la Roche-Serpillon et de la Boussionnière, fils de Jean de la Béraudière et de Berthelone de Serpillon. Ses alliances sont avec les familles de Pierres 1423, des Touches 1453, Bahourd 1472, du Chesne 1497, de la Béraudière 1527, de la Planche ; — et *par les femmes :* avec celles de Villeneuve, Baudry 1440, de la Boulaye 1489, Chomard, de Châteauneuf, de Portebize 1513, Goulard, du Bois 1528, de la Cressonnière 1548, de Chambes de Montsoreau 1566, de la Gaubretière. — Elle a fini en la personne de Thibault de la Béraudière, seigneur d'Ozay et de la Boussionnière, marié en 1553 avec Catherine de la Cressonnière, et père de deux filles, dont l'une conjointe à René de Vaugiraud.

3° *Branche de l'Ile-Jourdain et de Rouhet.* — Elle s'est détachée de la première au commencement du xvıᵉ siècle et remonte à René de la Béraudière, chevalier, seigneur de l'Ile-Jourdain et de Rouhet, fils de Jean-François de la Béraudière, seigneur de l'Ile-Jourdain, et de Jeanne Barthon de Montbas. Elle s'est alliée aux familles du Fou 1533, de Lévis, des Dormans 1587, Taveau 1593, Bonnin de Messignac ; — et *par les femmes :* avec celles de Blom, de Mérinville. — Éteinte avec François-Anne de la Béraudière, marquis de l'Ile-Joudain et de Rouhet, uni à Madeleine le Texier d'Hautefeuille, dont il eut deux filles. L'une d'elles épousa N... Barthon de Montbas.

4° *Branche d'Ursay et de la Béraudière.* — Sortie de la première vers le milieu du xvıᵉ siècle, elle descend de Philippe de la Béraudière, chevalier, seigneur d'Ursay et de la Béraudière, fils de François de la Béraudière, marquis de l'Ile-Jourdain, et de Jeanne de Tournemine. Philippe, marié avec Françoise de Vivone, eut deux enfants : Gabriel, seigneur de Sourches et de Serres, mort sans postérité, et Jeanne, femme de Bernard de Rechignevoisin.

5° *Branche de la Coudre, de Maumusson, de Bouzillé et de Beauvais.*
—Issue de la seconde vers le milieu du XVI⁰ siècle, elle a pour tige René
de la Béraudière, chevalier, seigneur de la Coudre et de Chantelou,
fils de Gabriel de la Béraudière, chevalier, seigneur d'Ozay et de la
Boussionnière, et de Renée de la Béraudière. Ses alliances sont avec les
familles Bourillaud 1574, du Boys d'Argonne 1596, Descollins 1620,
Rigaud de Milpied 1656, Davy de la Faultrière 1702, de Collasseau
1732, le Chat de Vernée 1759, Gilles de Fontenailles 1765, de Rechignevoisin de Guron 1796, de Loyac 1834; — et *par les femmes:*
avec les familles du Bois d'Argonne, du Verdier de la Perrière 1758,
Gourreau de Chanzeaux 1788, Gilles de la Bérardière de la Barbée
1808, Gilles de Fontenailles 1820, de la Bigne. Cette branche, établie
au château de Beauvais, près Luynes (Indre-et-Loire), existe.

6° *Branche de Bouzillé.* — Détachée de la précédente, elle remonte
à Jacques-Victor, comte de la Béraudière, né en 1774, fils de
Jacques-Marie-François, seigneur de Maumusson, de Bouzillé, etc., et
de Louise-Françoise-Renée Gilles de Fontenailles. Elle s'est alliée
aux Valladon de la Grivelle 1807, de Beaussier 1843; — et *par les
femmes:* avec les Rechignevoisin 1834. — Cette branche, établie au
château de Bouzillé, près Chemillé (Maine-et-Loire), existe.

Voici les alliances contractées par divers membres de la famille de
la Béraudière que l'on ne peut pas rattacher à ces six branches:
d'Orilles XIII⁰ siècle, des Cars 1460, de Confolant 1501, de Barbe-
zières 1506, d'Appelvoisin, Frottier 1560, Fervasques d'Hautemer, de
Thorodes, de Haremberg, de Lavault, Chasteigner, de Riposson, de
Grandseigne, Tissot, Levêque, Jourdain, de Moussy, Taveau de Mor-
themer, de Nuchèze, Mesnard de Toucheprès, de Gouzillon.

Personnages distingués.— Le croisé et les chevaliers de la
milice sainte nommés ci-dessus; — Louis de la Béraudière, chevalier,
inhumé dans l'église de la célèbre abbaye de Ferrière en 1252 (*Mss. de
la Biblioth. imp., titre nob.*); — en 1305, le roi Philippe IV décharge
Jehan de la Béraudière, chevalier, et Guillaume, son fils, d'une rente
qu'ils devaient à l'église de Thouaré; — en 1346, Philippe VI de Va-
lois « donne à son *amé et féal escuier* Guillaume de la Beraudeire, fils de
Jehan, au temps qu'il vivoit, chevalier et maistre de son hostel, la
terre de Saint-Hilaire en Anjou, en consideration des bons et agreables

services qu'il lui a faits et fait encore de jour en jour » (*Titr. de fam.*);
— en 1387, « revue de messire Guillaume de la Beraudiere, chevalier,
d'un autre chevalier et treize escuiers de sa chambre, pour servir le
roy dans ses guerres de Guienne, sous les ordres de Louis de San-
cerre, maréchal de France » (*Titr. de fam.*); — en 1397, le duc d'Orléans donne cent francs d'or à son *amé et féal* chambellan Jehan de la
Béraudière (*Titr. de fam.*); — en 1401, Charles VI mande à ses trésoriers
que Jehan de la Béraudière, son *féal escuier,* lui a fait hommage de cent
vingt-cinq livres de rente, qu'il doit prendre sur son trésor à Paris
(*Titr. de fam.*); — Louise de la Béraudière, religieuse professe à l'abbaye
royale du Ronceray d'Angers, en 1436 ; — messire Jean de la Béraudière, Hardouin de la Béraudière, son frère, et Hardi de la Béraudière, ont comparu à la montre de la noblesse de l'arrière-ban
d'Anjou, faite à Chemillé le 18 décembre 1468, par ordre du duc de
Lorraine, sénéchal et gouverneur de cette province (Barth. Roger,
Hist. d'Anjou) ; — en 1488, « monstre de Mathez de la Beraudiere,
chevalier, d'un autre chevalier et de onze escuiers, recue à Angers »
(*Titr. de fam.*) ; — en 1488, Louis XI donne une gratification à
Eustache de la Béraudière, chevalier, seign. de la Roche-Serpillon, son
conseiller et chambellan ; — Jean-François de la Béraudière, seign. de
Rouhet, de l'Ile-Jourdain, d'Orçay, etc., chevalier de l'Ordre du Roi ;
— Marc de la Béraudière, seigneur de Mauvoisin, chevalier de l'Ordre
du Roi, capitaine de cinquante hommes d'armes de ses ordonnances,
assista aux batailles de Dreux et de Jarnac. Il est auteur du livre
intitulé : *Combat seul à seul en champ clos,* dédié à Charles IX et
imprimé à Paris en 1608 (Brunet, *Manuel du lib. et de l'amat. de livres,*
5e édit., vol. III, 2e partie) ; — René de la Béraudière, chevalier,
seigneur de l'Ile-Jourdain et de Rouhet, panetier ordinaire du roi,
lieutenant de la compagnie de M. de la Trémoille, fut un des défen-
seurs de Poitiers contre l'armée protestante en 1569 ; — François de
la Béraudière, marquis de l'Ile-Jourdain, seigneur de Rouhet, chevalier de l'Ordre du Roi, guidon de la compagnie de M. de Montpezat,
lieutenant de la vénerie des rois Charles IX, Henri III et Henri IV, et
gouverneur du duché de Châtellerault ; — Gabriel de la Béraudière,
chevalier de l'ordre du Roi ; — René de la Béraudière, seigneur de la
Coudre, de Chantelou, etc., chevalier de l'Ordre du Roi.

Gabriel de la Béraudière, seigneur de Sourches et de Serres, conseiller et premier chambellan de Gaston d'Orléans, frère de Louis XIII ; — Philibert-Emmanuel de la Béraudière, marquis de l'Ile-Jourdain et de Rouhet, chevalier des ordres du Roi et gentilhomme ordinaire de sa chambre, gouverneur de Concarneau en 1630, nommé à l'ordre du Saint-Esprit en 1633 (*Catal. des chev. de l'ordre du S.-Esprit, depuis l'instit. jusqu'à présent. Paris, 1760, p. 184 ; — Ms. Bibl. impér., Titr. nobil.*), maréchal-de-camp par brevet du 8 avril 1650, lieutenant-général du Haut-Poitou en 1652 (*Dépôt de la guerre, Mss. le Tellier,* t. XIII, fol. 125) ; — François de la Béraudière, chevalier, seign. de Sigon, conseiller au parlement de Paris de 1587 à 1605 (Blanchard, *Catal. des conseill. du parl. de Paris,* p. 103), puis abbé de Noaillé, doyen du chapitre de Poitiers en 1612, évêque de Périgueux de 1614 à 1646, auteur d'opuscules écrits en français et imprimés à Périgueux en 1635, sous le titre de : *Otium episcopale* (Dreux du Radier, t. III, p. 454 ; *Gall. Christ.,* t. II, col. 1244 et 1486 ; *Mém. de Condé,* t. IV, p. 489) ; — Emmanuel-Bernard de la Béraudière, docteur en Sorbonne et abbé de Noaillé, mort en 1651 (*Gall. Christ.,* t. II, col. 1244) ; — Léonard de la Béraudière, abbé commendataire et séculier du Pin, de 1620 à 1649 (*ibid.,* t. II, col. 1351 ; — Léonard de la Béraudière, abbé de l'Étoile en 1616 (*ibid.,* t. II, col. 1354) ; — François de la Béraudière, marquis de l'Ile-Jourdain et de Rouhet, chevalier des ordres du Roi, nommé à l'ordre du Saint-Esprit, par brevet du 13 juillet 1652 (*ibid., p. 304*), fit partie du ban de la noblesse de la Basse-Marche en 1625. « Le » marquis de l'Isle-Rouhet, dit Colbert de Croissy (*Rapport au roy » concern. la prov. du Poitou, en 1664*), est fort connu en Haut-» Poitou et a beaucoup de crédit parmi la noblesse. » — François-Anne de la Béraudière, marquis de l'Ile-Jourdain et de Rouhet, capitaine de gendarmes ; — Jacques de la Béraudière, page du duc d'Orléans, puis aide de camp du cardinal de Richelieu, tué au siége de la Rochelle ; — Philippe de la Béraudière, seigneur de la Coudre, de Chantelou et de Maumusson, capitaine au régiment de M. de Jarzay, fit la guerre de la Fronde dans le parti du prince de Condé, assista au combat de la Porte-Saint-Antoine, et fut amnistié nominativement par Louis XIV.

Jacques-René de la Béraudière, seigneur de Maumusson, de Bouzillé, etc., sous-lieutenant aux gardes du corps du roi, compagnie de Luxembourg, et blessé aux batailles de Steinkerque et de Nerwinde ; — Philippe de la Béraudière, chevalier de Maumusson, chevalier de Saint-Louis en 1758, lieutenant-colonel du régiment d'Alençon en 1771, et commandant du bataillon du Perche en 1778, officier de la plus grande distinction (*Regist., régiments provinciaux*, 1771, fol. 38) ; Julie de la Béraudière, prieure de l'abbaye royale de Ronceray à Angers ; — Gabriel-Hardy de la Béraudière, capitaine au régiment de Brissac, mort des blessures qu'il reçut à Rosbach ; — Prosper-Henri-Augustin de la Béraudière, enseigne aux grenadiers de France, mort à Fulde, des suites de ses blessures, en 1761 ; — Jacques-Marie-François, comte de la Béraudière, chevalier, seigneur de Maumusson, de Bouzillé, etc., page de Louis XV, capitaine au régiment du roi, puis procureur général syndic du clergé et de la noblesse des trois provinces de la généralité de Tours, servit dans l'armée de Condé ; — Jacques-Philippe, comte de la Béraudière, page de Louis XVI, servit dans l'armée de Condé, fut nommé colonel et chevalier de Saint-Louis en 1796.

Georges de la Béraudière, page de Monsieur, frère de Louis XVI servit aussi dans l'armée de Condé, puis dans les armées vendéennes en 1815, fut nommé colonel de la légion du Nord (depuis 28e de ligne) la même année, et fit la campagne d'Espagne. Il était chevalier de Malte, de Saint-Louis 1814, de la Légion d'honneur et de Saint-Ferdinand d'Espagne (*Etat de services, dossier alphab.*) ; — Auguste-Hardy de la Béraudière servit dans l'armée de Condé et dans les armées vendéennes. Louis XVIII le nomma chef de bataillon et chevalier de Saint-Louis en 1815 ; huit campagnes, pension de retraite de 900 fr. (*Dossier des pensions*, N° 1273) ; — Jacques-Victor, comte de la Béraudière, servit aussi dans l'armée de Condé, commanda en 1795 les chasseurs de Stofflet dans la Vendée, obtint la croix de Saint-Louis et le grade de colonel en 1796 (*Dossier des pensions*, N° 5639) ; — Marie-Louise-Victoire de la Béraudière, veuve Goureau de Chanzeaux, dame dignitaire de la maison royale de Saint-Denis. (*Archives de la famille ; Archives du ministère de la guerre ; Histoire de l'Ordre de Saint-Louis, par Mazas et Th. Anne ; Annuaires royaux*, etc.)

Représentants actuels. — 5e *branche* : Jacques-Raymond, comte de la Béraudière, né en 1809, ancien page de Charles X, ancien officier au 8e chasseurs à cheval, démissionnaire en 1830, a épousé, en 1834, demoiselle Charlotte de Loyac, fille du marquis de Loyac et de demoiselle de Cambis. Ses enfants sont : Jacques-Henri, né en 1835, qui fit partie des guides de l'armée pontificale, Melchior et Delphine.

6e branche : Jacques-Victor, comte de la Béraudière de Bouzillé, né en 1819, a épousé, en 1843, demoiselle Caliste de Beaussier, fille du comte de Beaussier et de demoiselle Albine Duvelin, fille de Charles Duvelin du Crakol, chevalier, officier aux dragons de la Tour et Taxis, et de demoiselle Agathe Maloteau de Guerne. Il a eu un fils, Jacques-Marie, né en 1864, et cinq filles, Louise, Jacqueline, Henriette, Anne et Hélène. Louise, née à Paris, en 1844, est morte au château de Bouzillé en 1862.

Armes. — Les armes primitives de la famille de la Béraudière étaient *d'or à l'aigle éployée de gueules*, comme elles sont représentées au Musée de Versailles. Mais depuis le mariage de Louis de la Béraudière, seigneur d'Ursay et de Sourches, avec Marguerite d'Orilles, dans le xiiie siècle, elle porte : *écartelé aux 1er et 4e comme ci-dessus, aux 2e et 3e, d'azur à la croix d'argent fourchée de douze pointes.*

Devise. — *Nihil nisi Deo.*

Nantes, imp. Vincent Forest et Émile Grimaud, place du Commerce, 4.

BIBLIOTHEQUE NATIONALE DE FRANCE

3 7502 009880054 5

www.ingramcontent.com/pod-product-compliance
Lightning Source LLC
La Vergne TN
LVHW010136060726
842524LV00005B/1962